D0611955

LE PETIT LIVRE DU

CALME

PAUL WILSON

PRESSES DU CHÂTELET

Traduit de l'anglais par Geneviève Mirman

Ce livre est paru sous le titre
The Little Book of Calm,
Penguin Books Australia, 1996.

Si vous souhaitez recevoir notre catalogue
et être tenu au courant de nos publications,
envoyez vos nom et adresse, en citant ce
livre, aux Éditions de l'Archipel,
4, rue Chapon, 75003 Paris.
Et pour le Canada, à
Édipresse Inc., 945, avenue Beaumont,
Montréal, Québec, H3N 1W3.

ISBN 2-911217-43-8

J'ai écrit ce petit livre afin qu'il devienne,

pour vous, un guide de réconfort. Emportez-le

partout avec vous pour, à tout moment

et en tout lieu, voler quelques instants

de paix et de tranquillité.

Suivez ses conseils : vous préserverez votre calme,

même dans les moments les plus difficiles.

Quand vous vous sentirez perdu, quelles que soient

les circonstances, ouvrez ce livre à n'importe

quelle page. Laissez votre intuition vous guider.

Vous y trouverez la voie la plus sûre vers la sérénité.

APPRIVOISEZ
LE SILENCE

Pensez très fort au silence.
Lorsqu'il viendra, concentrez-vous
sur les ondes qu'il émet.

Puis, faites en sorte d'emporter
avec vous quelques-unes de ces ondes,
partout où vous irez.

PERDEZ DU TEMPS

Ceux qui travaillent dur ne perdent jamais leur temps en frivolités. Cependant, pour eux, la moindre *seconde* passée à se détendre n'est pas une seconde perdue.

VEILLEZ
A ÊTRE BIEN ENTOURÉ

Que vous l'admettiez ou non,
fréquenter des gens stressés
est un important facteur de stress.

A l'inverse, s'entourer de gens sereins
– même pour un temps très court –
procure un sentiment
d'intense sérénité.

CONCENTREZ-VOUS
SUR VOTRE RESPIRATION

Soyez à l'écoute de votre souffle.
Si vous entendez vraiment l'air
entrer et sortir de vos poumons,
c'est que le calme intérieur
n'est pas loin.

MÉNAGEZ-VOUS DES PAUSES

Dans la vie, on est toujours tenté
de s'imaginer que tous
les changements ne forment
qu'un seul bouleversement,
unique et dramatique.

Ménagez votre tension :
prenez chaque chose en son temps.

PARIEZ SUR LES FRUITS

Si vous avez une belle corbeille
de fruits, placez-la en évidence
chez vous. Apprenez à résister
à la tentation de vous jeter
sur des en-cas ou autres nourritures
hautement stressantes.

Mangez plus de fruits
et vous serez plus détendu.
Quelques grammes de douceur...

IGNOREZ LES PETITES DIFFICULTÉS

Le premier secret pour accéder
à la sérénité, c'est de ne pas laisser
de petits problèmes
vous empoisonner l'existence.

Le deuxième secret, c'est de réussir
à considérer *tous* les obstacles
comme des obstacles mineurs.

PARTEZ EN AVANCE

Où que vous alliez, prenez l'habitude
de partir avec dix minutes d'avance.
Ainsi, non seulement
vous vous épargnerez le stress
d'arriver en retard, mais,
si tout se passe comme prévu,
vous disposerez de dix minutes
supplémentaires pour vous détendre
avant votre prochain rendez-vous.

A CHAQUE JOUR
SUFFIT SA PEINE

La plupart de nos soucis le sont
par anticipation. Neuf fois sur dix,
ils n'ont aucune raison d'être,
car les faits sur lesquels ils reposent
ne se produisent *jamais*.

Aussi, concentrez-vous sur le moment
présent et dites-vous que demain
est un autre jour.

VOUS PRENDREZ BIEN UNE PETITE VERVEINE ?

Remplacez votre café ou votre thé
quotidiens par une boisson
non excitante – tilleul,
verveine-menthe… Une bonne
habitude à prendre
pour atteindre la sérénité…

LES BIENFAITS
DE L'AUTOSUGGESTION

Pour que votre subconscient
vous aide à trouver le réconfort,
répétez-lui simplement : « Je me sens
serein, de plus en plus serein. »

CHOYEZ VOS PIEDS

Tous les acupuncteurs
vous le diront : la vraie relaxation
commence par les pieds.
C'est peut-être une évidence,
mais porter des chaussures
confortables – voire des chaussures
pour pieds sensibles – est presque
aussi relaxant que se balader
pieds nus.

VOYEZ LE BON CÔTÉ
DES CHOSES

Efforcez-vous de toujours apprécier
le bon côté des gens, d'envisager
les situations difficiles sous leur
meilleur jour. Cette approche
toute simple est source d'optimisme
et de pensée positive.

LES BIENFAITS DU COIFFAGE

Prenez le temps de brosser
les cheveux d'un de vos proches.
Mieux encore, brossez-vous
les cheveux ou confiez cette tâche
à quelqu'un d'autre. Procédez
avec douceur et méthode, mèche
après mèche – pour un massage
des principaux points d'acupuncture.
Une pratique régulière
vous procurera un bien-être durable.

ACCEPTEZ VOS FAIBLESSES

Laissez donc aux autres le soin
d'être parfaits et merveilleux.
Contentez-vous de ce que vous êtes.
Vous vous sentirez beaucoup
plus détendu.

C'EST TOUS LES JOURS NOËL

Les berceuses et les chants de Noël
détiennent un pouvoir unique
de relaxation. Ne craignez pas
d'y recourir tout au long de l'année
(en silence).

NE PASSEZ PAS A CÔTÉ
DES CHOSES SIMPLES

Si vous considérez toute chose
d'un regard ouvert et attentif,
vous en découvrirez la beauté
et la complexité. Une grappe
de raisin, un verre d'eau, un brin
d'herbe ou encore un ciel nuageux
offrent un spectacle fascinant.

DU PASSÉ FAITES
TABLE RASE

Les souvenirs – et les regrets
aussi – sont rarement rationnels.
En effet, le passé n'existe pas,
si ce n'est dans notre mémoire.

Quand vous aurez admis
que la mémoire n'a rien de *réel*,
vous pourrez vous détendre.

Retournez en maternelle

Suivez l'exemple des enfants,
qui vivent pour le simple plaisir
de l'instant présent.

Avec un peu d'entraînement,
vous y parviendrez vous aussi.

PENSEZ SEREIN

Ayez des pensées sereines.
Contemplez des scènes sereines.
Écoutez des sons sereins.

À votre avis, qu'allez-vous ressentir ?

VOLEZ TRENTE SECONDES

Si vous vous sentez tendu,
dénichez-vous un coin calme
– les toilettes, au besoin –
et accordez-vous trente secondes
pour reprendre vos esprits.

Ce seront peut-être les trente
secondes les plus utiles
de votre journée.

BANNISSEZ LE DÉSORDRE

Le désordre extérieur est souvent
une expression du désordre intérieur.
Mettre ses affaires en ordre
est donc un moyen efficace
de retrouver la sérénité.

OUBLIEZ LES EXCITANTS

Admettez qu'il y a un temps
pour l'excitation et un temps
pour la sérénité. En somme,
arrêtez de vous faire croire
qu'un excitant va vous détendre.

GOÛTEZ L'EAU
DE FLEUR D'ORANGER

Dans un atomiseur, ajoutez trois
gouttes d'eau de fleur d'oranger
à de l'eau minérale. Vaporisez
dès que vous aurez besoin
de vous relaxer.

ÉVITEZ
LES PETITS CARACTÈRES

Les petits caractères d'imprimerie
engendrent la frustration.
Si vous voulez rester serein,
faites-vous lire tout ce qui est écrit
trop petit.

Soyez prodigue
de caresses

Si vous partagez votre vie
avec un animal domestique,
n'hésitez pas à lui manifester souvent
votre affection. Il deviendra un ami
dévoué, toujours à vos côtés
dans les moments de stress.

PARDONNEZ
SANS ATTENDRE

C'est bien connu, la rancune
et les mauvaises intentions
font plus de mal à ceux
qui les conçoivent qu'à ceux
qui les inspirent.

Pour votre bien, ayez le pardon facile
—et rapide.

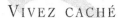

VIVEZ CACHÉ

Il vient toujours un moment
où l'on ressent le besoin
de se couper du monde extérieur
pour se recentrer sur ses propres
envies, ses responsabilités.

Alors, *barricadez-vous* au moins
une heure par jour.

PRATIQUEZ LA LÉVITATION

Tenez-vous encore plus droit
que d'habitude, comme si vous étiez
suspendu par un fil imaginaire,
à quelques centimètres du sol.

Plus vous décollerez du sol,
plus vous approcherez de la sérénité.

Restez en contact

Le contact humain demeure
l'un des moyens les plus sûrs
de soulager le stress. De même
qu'un câlin éloigne le chagrin
de l'enfant ; de même qu'un baiser,
une poignée de main apaisent
les querelles, le plus petit contact
humain fait parfois des miracles.

VOYEZ LA VIE EN VERT

Les plantes diffusent de l'oxygène
dans l'atmosphère, tout en absorbant
le dioxyde de carbone et les agents
polluants. Entourez-vous donc
de plantes vertes, chez vous
et sur votre lieu de travail :
vous vous sentirez plus oxygéné.

Plus vous l'oxygénerez,
plus votre esprit sera apaisé.

LA SÉRÉNITÉ
SANS SE FORCER

De même qu'un exercice physique
douloureux n'est pas un bon
exercice, les techniques
d'entraînement à la sérénité
sont d'autant plus efficaces
qu'elles demandent moins d'efforts.

La sérénité est en soi un des grands
plaisirs de l'existence.

ET LES APHRODISIAQUES ?

Oubliez vos inhibitions... pensez
aux aphrodisiaques naturels !
Le ginseng, très prisé depuis
des siècles, a aussi la réputation
de détendre le système nerveux
– à condition d'en consommer
régulièrement.

NE PLACEZ PAS
LA BARRE TROP HAUT

Dans la vie, l'un des défis
les plus contraignants est de toujours
vouloir être à la hauteur
des objectifs que l'on s'est fixés.

Faites-vous une fleur :
de temps en temps, revoyez
vos objectifs à la baisse.

INITIEZ-VOUS
AU TAI-CHI-CHUAN

Impossible de se sentir tendu
lorsqu'on pratique la gymnastique
chinoise – ou Tai-Chi-Chuan.

Apprenez-en les techniques de base.
A vous les clés de la sérénité.

ÉCOUTEZ LE SILENCE

Le silence est l'essence même
de la sérénité. Inutile de chercher
à le provoquer : attendez qu'il vienne
pour l'accepter. Toutefois,
si vous savez écouter
très attentivement,
vous le rencontrerez
dans les circonstances
les plus inattendues.

Il suffit d'un peu de concentration.

REPOSEZ VOS DOIGTS

Appuyez doucement l'extrémité
de chacun de vos doigts
sur les doigts de l'autre main,
très, très doucement. Respirez
profondément pendant soixante
secondes et laissez le calme
vous envahir.

PORTEZ DU BLANC

Les vêtements ont une influence
directe sur le bien-être. Les formes
amples, les fibres naturelles
et les couleurs claires sont autant
de sources de sérénité.

Avez-vous remarqué que les yogis
ne portent que du blanc ?

PRÉFÉREZ
LES IONS NÉGATIFS

Les ions négatifs sont des alliés inestimables. Ils assainissent l'air, facilitent la respiration, stimulent la bonne humeur, génèrent sérénité et énergie.

Équipez-vous d'un générateur d'ions négatifs bon marché... ou attendez un bon orage.

L'IMPORTANT,
C'EST LA ROSE

Le massage est l'une des méthodes
de relaxation les plus délectables.
Pour un résultat plus délicieux
encore, ajoutez simplement quelques
gouttes d'essence de rose
dans votre huile pour le corps.

Tenez-vous droit !

Aussi curieux que cela puisse
paraître, les sièges qui détendent
le plus ne sont pas ces fauteuils
informes dans lesquels on s'affale
paresseusement. Une chaise
qui soutient le dos et aide à se tenir
droit se révélera un meilleur choix.

C'EST TOUS LES JOURS LES VACANCES

Mettez-vous dans la tête
que c'est tous les jours
les vacances ! Chaque matin,
faites en sorte de stimuler
cette illusion : vous verrez vos soucis
fondre comme neige au soleil.

FEIGNEZ D'ÊTRE CALME

Faites semblant d'être très calme.
Ayez l'air serein. Comportez-vous
comme si vous étiez parfaitement
détendu. Les autres doivent croire
que vous êtes *vraiment* calme.
A ce régime, vous ne tarderez pas
à le devenir.

COUREZ

Courir est l'un des meilleurs
antidotes contre le stress.
C'est une activité simple,
qui n'exige pas d'entraînement
spécifique et dont les effets
commencent à se faire sentir au bout
de 200 mètres.

RETIREZ VOTRE MONTRE

Avez-vous remarqué comme
on se sent détendu dès que l'on ôte
sa montre ? Jetez la vôtre
aux orties ! Et échappez
à la dictature du temps.

MÉDITEZ SUR LA BEAUTÉ

Là où il y a beauté, il y a sérénité
– peu importe qu'elle soit naturelle
ou façonnée par la main de l'homme.
Méditez sur la beauté,
non pour vous stimuler,
mais pour vous élever.

DORMEZ COMME UN BÉBÉ

Tout ce qui est susceptible de nuire
à votre sommeil – le café, le cola,
l'alcool – nuit aussi à votre aptitude
à la sérénité.

Efforcez-vous de dormir votre content.

EN AVANT, MARCHE !

Certaines activités physiques
sont une véritable torture. La marche
à pied, elle, est agréable et facile.
Marchez chaque jour
– non par devoir, mais parce que
la marche est encore le moyen
le plus relaxant de relier un point
à un autre.

UN PETIT SOMME
EN PASSANT

Si vous sentez
que vous en avez besoin, prenez
quelques minutes pour faire
des petits sommes, tout au long
de la journée. Vous serez surpris
de constater combien ces quelques
minutes vous apaiseront,
même si vous ne bougez pas
de derrière votre ordinarron...
zzzz... rron... zzzz... Ça marche !

SOYEZ CRU

Commencez systématiquement
vos repas par un aliment cru – fruit
ou légume, par exemple.
Non seulement les nutriments
« alcalins » vous rendront plus calme,
mais ils harmoniseront vos repas
à merveille.

Chouchoutez vos pieds

Commencez par baigner vos pieds,
puis massez-les à l'aide d'un lait
hydratant, ou d'un mélange d'huiles
essentielles relaxantes.

Et maintenant, sautez à pieds joints
dans la détente et l'allégresse !

FAITES-VOUS CONDUIRE

Croyez-vous vraiment que conduire
vous détende ? Choisissez-vous
plutôt un (ou une) pilote digne
de confiance et installez-vous
confortablement sur la banquette
arrière. Profitez du trajet
pour savourer votre état
de profonde sérénité.

SACHEZ LÂCHER PRISE

Soyez perspicace : distinguez
ce qui vous est profitable
et ce qui n'est qu'une perte
de temps. Ne consacrez votre énergie
qu'aux tâches qui en valent la peine,
ou que vous pourrez remplir.
Laissez les autres... aux autres !

POURQUOI
FAIRE COMPLIQUÉ ?

Faites-en le moins possible. Possédez
le moins de choses possible.
N'accumulez pas les responsabilités.
Et regardez le stress s'enfuir
sur la pointe des pieds...

DITES BONJOUR A LA DAME

Choisissez d'être courtois.
Pas par égard pour les autres,
mais pour élever votre âme.
Peu importe que vos interlocuteurs
vous rendent votre politesse – comme
on est en droit de s'y attendre.
Ce qui compte, c'est l'effet
de votre propre gentillesse.

FAITES
LA DIFFÉRENCE
ENTRE ÊTRE
ET AVOIR

SOYEZ CHALEUREUX

Un corps froid est rarement serein.
Réchauffez vos mains en les frottant
vigoureusement l'une contre l'autre.

Et qui dit chaleur, dit sérénité.

FAITES COMME
LE POISSON...

Pourquoi est-il si relaxant
de regarder évoluer les poissons ?
Parce qu'ils se déplacent avec grâce
et lenteur et, surtout,
parce qu'ils respirent doucement.

Seule la vision d'une mer apaisée
offre pareille détente.

FAITES-VOUS DU CINÉMA

Représentez-vous une scène idyllique,
par exemple une île du Pacifique,
avec vous-même dans le rôle
principal. Visualisez la plage de sable
fin. Imaginez votre tenue,
votre posture grâcieuse et détendue,
ce petit souffle d'air
dans vos cheveux et ce sourire serein
sur votre visage. Vous y êtes ?
Eh bien... restez-y !

CHANGEZ VOS HABITUDES

Rien de tel qu'un petit changement
dans vos habitudes pour rompre
le stress de la journée.
De temps à autre, mettez un point
d'honneur à faire quelque chose
que vous ne feriez pas en temps
normal – comme changer de trajet
pour rentrer du bureau.

Prenez le temps d'en profiter.

NE VOUS LAISSEZ PAS ENVAHIR PAR VOS SOUCIS

Réservez un certain laps de temps
chaque jour, à heure fixe,
pour passer en revue vos soucis.
Mais, quand le temps est écoulé,
arrêtez de vous tracasser.

Massez-vous les tempes

La plupart des principaux points
d'acupuncture liés à la relaxation
se trouvent sur les tempes. Exercez-y
une légère pression des doigts
en expirant, puis relâchez
en inspirant.

POSITIVEZ

Entraînez-vous à n'avoir
que des pensées positives.
Efforcez-vous de ne dire
que des paroles positives.
Vous ne tarderez pas à éprouver
des sensations positives.
Laissez-les vous guider.

FAITES COMME LA TORTUE

Nos mouvements ont une incidence
directe sur notre tension nerveuse.
Faites donc des mouvements
plus lents, prenez soin d'avoir
des gestes moins brusques,
des expressions plus détendues.
La sérénité est à ce prix.

FAITES DES DÉCOUVERTES

Comment vous sentiriez-vous tendu
si vous cherchez à en savoir plus
sur un sujet qui vous passionne ?

Or, où que l'on soit,
quoi que l'on fasse, la vie a toujours
quelque chose à nous apprendre.

AIMEZ-VOUS LES PERLES ?

Apprenez à dériver la tension
nerveuse qui se concentre
dans les doigts et dans les mains
en tripotant des perles ou,
pourquoi pas, en confectionnant
des colliers pour vos amis.

FAITES L'AMOUR

La délicieuse détente qui suit l'amour
a des effets multiples,
tous très bénéfiques.

OUBLIEZ LE TÉLÉPHONE

Pour une fois, laissez sonner
le téléphone dans le vide sans céder
à la tentation de répondre.
Ne vous inquiétez pas : s'il s'agit
d'un appel vraiment important,
la personne rappellera.

En matière de stress,
il n'y a pas de petites économies.

FLEXION, EXTENSION

Contractez certains muscles
de votre corps – ceux des bras
ou des jambes, par exemple
– et relâchez ensuite d'un seul coup.
C'est une bonne façon de se rappeler
ce que « détente physique » veut dire.

Concentrez-vous exclusivement
sur cette sensation.

RETROUVEZ
VOTRE ÂME D'ENFANT

Ceux qui savent profiter vraiment
de la vie sont sans aucun doute
ceux qui voient en tout des raisons
de s'émerveiller. Imitez-les :
vous rencontrerez paix et plénitude.

DÉCLAREZ
VOTRE INDÉPENDANCE

Céder à ses pulsions,
quelles qu'elles soient (cigarette,
chocolat, alcool, café...) n'a jamais
calmé personne. Sachez reconnaître
et admettre vos dépendances,
et trouvez-leur une solution
de remplacement.

Alors vous vous sentirez apaisé.

VOUS PRENDREZ BIEN
UN PEU D'EAU TIÈDE ?

Un verre d'eau glacé détend
probablement plus que la majorité
des boissons. Mais avez-vous essayé
une tasse d'eau tiède ?
Vous serez détendu...
avant même d'être surpris !

REGARDEZ LOIN DEVANT

C'est lorsqu'ils sont fixés
sur l'horizon, aussi loin que possible,
que vos globes oculaires
sont les plus détendus. Le corps
ne devrait pas tarder à suivre.

MOUILLEZ LA SERVIETTE

Toutes les esthéticiennes et tous
les barbiers vous le diront :
pour détendre les muscles du visage,
rien de tel qu'une bonne serviette
éponge chaude et mouillée.

LE PETIT OISEAU VA SORTIR !

Sourire est un exercice très efficace
pour détendre les muscles faciaux.
Il engendre en outre une réaction
émotionnelle en chaîne qui contribue
immanquablement au bien-être.

FAITES ÉCHEC
AUX ÉCHÉANCES

Échéances,
délais et autres ultimatums
sont parmi les principales causes
de stress de la vie moderne.
N'acceptez qu'une échéance à la fois
et devenez maître de votre temps.

FAITES LA PLANCHE

Faites la planche dans une piscine,
un lac... ou même votre baignoire !
Vous sentirez votre tension nerveuse
fondre comme un glaçon
dans un verre de whisky.

DEVENEZ MAGNANIME

Faites-vous du bien : montrez-vous
généreux. Donnez un coup de main,
rendez un service, adressez
un compliment... Qui se sentira
le plus comblé ? Vous-même,
bien sûr !

Passez de A en B

Si la vitamine A contribue
à la sérénité intérieure, la vitamine B
est reconnue pour ses vertus
dynamisantes. On en trouve
dans les flageolets, les lentilles,
les pois, les fruits secs,
le germe de blé,
les céréales complètes
et les produits laitiers.

NE LUTTEZ PAS EN VAIN

Dans tout combat survient
un moment où l'acharnement ne sert
plus à rien, surtout s'il devient
une fin en soi.

Sachez abandonner un combat inutile
pour un autre qui en vaut la peine,
comme savent le faire les personnes
sereines.

ENTRETENEZ VOS AMITIÉS

Si vous avez tendance
à vous laisser absorber
par votre vie professionnelle
et par vos responsabilités,
rappelez-vous que, quand sonne
la dernière heure, on regrette
plus souvent les amis perdus
que les dossiers inachevés.

ÉTEIGNEZ LA LUMIÈRE

Quand toutes les autres tentatives
ont échoué et que le stress vous colle
à la peau, dénichez-vous un coin
sombre et silencieux et écoutez
votre respiration,
jusqu'à ce que le calme soit revenu.

IMPOSEZ VOTRE RYTHME

De même qu'une décision collégiale
ou un comportement collectif
conditionnent souvent l'individu,
l'individu déterminé peut à son tour
influencer le groupe. Parlez
et agissez avec calme et mesure,
mais avec autorité : vous inspirerez
la sérénité à ceux qui vous entourent.

APPRENEZ A DIRE « NON »

Pourquoi se tuer au travail
et se fixer des objectifs impossibles,
au lieu de vous contenter
de ce qui est à votre portée ?
Laissez les raisins verts aux goujats
et n'acceptez pas de faire
ce que vous ne pouvez pas faire.

LISTEZ VOS SOUCIS

Apprenez un tour de magie. Couchez
vos soucis sur le papier et passez-les
en revue... Mesurez les risques
que ce que vous redoutez arrive
vraiment. A tous les coups, vos soucis
vont disparaître comme
par enchantement.

LEVEZ LE PIED

Faire le poirier ou lever les jambes
ne facilite pas seulement
la circulation sanguine. Ce geste
tout simple est aussi un facteur
essentiel de relaxation.

COLLECTIONNEZ
LES BONS SOUVENIRS

Sélectionnez des photos des meilleurs
moments de votre vie, consignez-les
dans un journal
ou sur votre ordinateur.
Retournez-y souvent. Rappelez-vous
les détails, prenez plaisir à évoquer
ces souvenirs, de façon à les mêler
intimement à votre quotidien.

CULTIVEZ VOTRE JARDIN

Les jardiniers sont parmi les gens
les plus sereins sur terre – du moins,
lorsqu'ils jardinent.
L'ignoriez-vous ?

MAÎTRISEZ VOTRE TEMPS

Soyez le seul maître de votre agenda,
et ne permettez plus que d'autres
s'en chargent à votre place
– conjoint, secrétaire, etc.
Décidez seul du rythme
que vous voulez suivre.
Et gagnez du temps…
pour le consacrer au calme.

CARESSEZ-VOUS
LE DOS DE LA MAIN

S'il est une partie du corps
qu'il faut caresser pour apaiser
les tensions, c'est bien le dos
de la main ! Même le plus petit
effleurement du bout des doigts,
en remontant vers le poignet,
vous procurera sans délai une intense
sensation de bien-être.

BANNISSEZ
LES FORMULES STRESSANTES

« Je dois », « il faut que »,
« je n'ai pas le temps »... autant
de formules hautement stressantes.
Remplacez-les systématiquement
par des formules plus ouvertes,
plus détendues,
telles que « je pourrais peut-être »,
« j'ai décidé de », ou encore
« je vais prendre le temps ».

GAGNEZ PETIT

Quoi de plus relaxant et de meilleur
pour le moral qu'un petit succès
de temps à autre ? Même
s'il n'y a guère de mérite à cela,
donnez-vous les moyens de remporter
des victoires faciles.

STRESSÉ, MOI ?

Apprenez à reconnaître les signes
évidents de tension nerveuse
et d'anxiété chez les autres.
Vous aurez ainsi une meilleure
conscience de votre propre état,
et vous pourrez vous rapprocher
de la sérénité.

GOÛTEZ LES JOIES
DU TRAIN-TRAIN

Toute tâche mécanique,
pour inintéressante qu'elle soit,
peut vous aider à vous relaxer.
Voyez-y l'occasion de méditer
et de vous concentrer pleinement
sur l'instant présent.
Vous y gagnerez beaucoup
en sérénité.

RESPIREZ MOINS

Une personne profondément détendue
a un rythme de cinq à huit
respirations par minute.
Si vous ralentissez votre propre
rythme jusqu'à atteindre ce chiffre,
vous serez très rapidement
plus détendu.

PENSEZ A LA LAVANDE

Une goutte d'essence de lavande aide
à soulager non seulement
les douleurs et les courbatures,
mais aussi la tension nerveuse.

REDÉCOUVREZ
LES BIENFAITS DU LAIT

Maman avait raison ! Le lait
est une boisson calmante
et apaisante. Il est riche en calcium,
est un relaxant musculaire reconnu
et contient aussi un acide aminé
qui est un sédatif naturel puissant :
le tryptophane.

PRATIQUEZ
LA « MÉTHODE COUÉ »

Vous êtes stressé, tendu, énervé ?
Prétendez le contraire aux autres
et répétez-vous que vous êtes calme
et détendu. Même votre inconscient
se laissera berner.

PORTEZ
DES CALEÇONS FANTAISIE

Constituez-vous une panoplie
de vêtements que même vos enfants
n'oseraient pas porter.
Ils vous aideront à ne pas oublier
le côté facétieux, ludique et joyeux
de la vie.

PRENEZ VOTRE TRAVAIL AU SÉRIEUX

La différence entre une basse
besogne et une activité noble
et enrichissante est souvent
une simple question de point de vue.

Prenez votre travail au sérieux.
Considérez qu'il est important.
Vous en tirerez une satisfaction
légitime.

CHAMAILLEZ-VOUS
EN DIFFÉRÉ

S'il est impossible d'éviter toujours
conflits et désaccords, il existe
un truc pour ne pas se laisser abattre
lorsqu'ils éclatent. Il suffit
de les remettre à plus tard.

Acceptez de discuter
de tous les problèmes en détail,
mais un autre jour...
En général, ça marche.

LE SHAMPOOING
SANS SHAMPOOING

Accédez aux principaux points
d'acupuncture crâniens de la façon
la plus agréable en vous massant
voluptueusement le cuir chevelu,
comme si vous vous faisiez
un shampooing... sans shampooing !

VOYEZ LA VIE EN ROSE

Ou en bleu. Ou même en vert.
Chacune de ces couleurs
— une chaude, deux froides —
a le pouvoir magique d'instiller
le philtre de la sérénité dans l'esprit
tourmenté.

AH ! C' QU'ON EST BIEN...

... quand on est dans son bain !
Tamisez les lumières, ajoutez
quelques gouttes de votre huile
essentielle préférée et... en route
pour le paradis !

CUEILLEZ DÈS AUJOURD'HUI LES ROSES DE LA VIE

Concentrez votre attention
sur l'instant présent. N'omettez
aucun détail. Goûtez-en les saveurs,
les parfums et les sons.
Sentez la paix vous pénétrer.

TROUVEZ VOTRE LIEU
DE SÉRÉNITÉ

Si vous préférez rechercher
la sérénité dans un lieu précis
– votre fauteuil favori, un banc
dans un square –, votre subconscient
associera bientôt à ce lieu particulier
un sentiment de calme
et de bien-être.

Il vous suffira donc,
quand vous manquerez de sérénité,
de vous y rendre.

SACHEZ VOUS ARRÊTER

Dans la plupart des activités
quotidiennes, la persévérance
n'est pas particulièrement
récompensée. Aussi,
dès que vous sentez
votre tension sur le point
de déborder, arrêtez tout. Faites
une pause, ou entreprenez une tâche
sans aucun rapport.

RÉPANDEZ LA BEAUTÉ
AUTOUR DE VOUS

Où que vous alliez, quoi que
vous fassiez, efforcez-vous toujours
de créer de la beauté ou d'exalter
celle qui vous entoure.

FAITES DES COMPLIMENTS

Ne soyez pas avare de vos louanges.
Elles véhiculent des ondes bénéfiques
qui vous feront autant de bien
qu'au destinataire.

RIEN NE SERT DE COURIR

Contrairement à ce que vous pensez,
vous aurez toujours le temps de faire
tout ce que vous avez décidé
de faire.

Et ce que vous ne pouvez faire
aujourd'hui... ne le faites pas !

DÉLÉGUEZ SANS HÉSITER

Plus vous déléguerez d'activités
à ceux qui vous entourent,
plus vous serez frais et dispos
pour l'essentiel.

En somme, plus vous déléguerez,
moins vous serez stressé.

SOURIEZ

Ne vous départez jamais
de votre sens de l'humour...
si vous l'avez. Jouez-en
aussi souvent que possible.
Rien de tel pour désamorcer
les situations de stress et accéder
au calme.

MASSEZ-VOUS LES SOURCILS

Ce geste, que vous faites
inconsciemment dans les situations
d'anxiété, doit devenir conscient
et délibéré. Stimulez les points
d'acupuncture du front
en vous massant les sourcils
et l'arcade sourcilière, de l'intérieur
vers l'extérieur.

APPRENEZ A AIMER
LE CHANGEMENT

Si vous partez du principe
que tout changement a ses bons
comme ses mauvais côtés,
vous vous épargnerez beaucoup
d'inquiétudes et de morosité.

Détendez-vous, ouvrez-vous
au changement.

PARFUMEZ VOTRE OREILLER

Toutes les deux ou trois nuits,
glissez trois gouttes de patchouli
ou d'essence de camomille
dans votre oreiller.
Votre sommeil s'en trouvera
merveilleusement apaisé.

Versez quelques larmes

Pleurer est quelquefois
profondément apaisant,
au physique comme au moral.
Alors laissez-vous aller,
ça ne vous fera pas de mal.

ADMIREZ LE COUCHER
DU SOLEIL

Les couchers de soleil sont parfois
tristes à pleurer, je vous l'accorde.
Mais ils sont toujours apaisants.

Surtout lorsque le rose domine.

FAITES VOTRE PRIÈRE

Si vous êtes croyant,
quelle que soit votre religion,
quels que soient vos choix spirituels,
vous aurez toujours recours
à l'une des méthodes
les plus anciennes
et les plus reconnues au monde
pour trouver la tranquillité :
la prière.

FAITES

COMME SI C'ÉTAIT

TOUS LES JOURS

LE WEEK-END

COUPEZ LE COURANT

Éteignez le poste de télévision,
l'ordinateur, le fax, même
la lumière..., tous équipements
hautement stressants.

Ne daignez laisser branché
qu'un générateur d'ions.

LEVEZ-VOUS AVEC LE SOLEIL

Ce n'est pas un hasard si les vrais
méditatifs, les yogis, les ascètes,
les artistes et de nombreux ordres
religieux considèrent le moment
qui précède le lever du soleil
comme le plus précieux
de la journée.

JETEZ-VOUS A L'EAU

L'air iodé, l'eau de mer,
le bruit des vagues...
Quoi de plus apaisant ?

CONFIEZ-VOUS

De même qu'une faute avouée
est à demi pardonnée, vous résoudrez
plus facilement vos problèmes
en les confiant à quelqu'un.
Ce confident vous aidera
à trouver le soulagement.

DEVENEZ L'AMI
D'UN MASSEUR

Ou d'une esthéticienne...

Mais si,
vous avez le choix

Que vous l'admettiez ou non,
vous avez souvent le choix
entre plusieurs options. Tout l'art
consiste à savoir les reconnaître
et à saisir sa chance.

Disposer de plusieurs possibilités,
c'est le début de la liberté.

RÉFLÉCHISSEZ
AVANT D'ACHETER

Pour éviter le stress
de l'endettement, réfléchissez d'abord
à ce que vous pouvez vous permettre
d'acheter. Pensez-y *avant*
d'aller faire les boutiques.

TRANSPIREZ

L'exercice physique compense
les effets négatifs du stress et aide
à se sentir d'attaque.

Dépensez-vous, jusqu'à sentir la sueur
perler sur votre front. Continuez
encore pendant vingt minutes,
voire davantage.

TOURNEZ VOTRE LANGUE DANS VOTRE BOUCHE

Lorsqu'on est sous pression, on ne contrôle plus ses paroles, le débit s'accélère. Inversez ce processus, ralentissez volontairement votre débit, formulez vos pensées clairement, surveillez votre respiration... bref, simulez un calme absolu. Votre subconscient s'y laissera tromper.

MANGEZ MIEUX

Rien de tel, pour se sentir calme,
que de manger plus de fruits frais,
de légumes, de produits laitiers,
d'œufs, de céréales, de féculents,
de noix, de noisettes...
Oubliez un peu votre régime !

FUYEZ LA VILLE

Il est moins stressant de marcher
le long d'un chemin de campagne
que dans une rue bondée.
Il est plus relaxant de se reposer
au pied d'une colline qu'à l'ombre
d'un gratte-ciel.
Et il est plus apaisant de naviguer
en haute mer que dans un chenal
encombré.

Sentez des fleurs

Certaines senteurs stimulent
la synthèse de la sérotonine,
une hormone relaxante.
Particulièrement efficaces
sont la lavande et la camomille.

VALSEZ

Non seulement la valse est l'une
des formes musicales les plus légères
et les plus entraînantes,
mais elle est aussi très apaisante.

Quand vous valserez, détachez bien
les trois temps mentalement.
Vous sentirez la joie vous envahir.

ENTREZ DANS UNE ÉGLISE

Quelles que soient vos croyances,
les églises et les temples
sont des lieux hautement reposants.

Asseyez-vous et laissez-vous gagner
par l'atmosphère de paix et de calme
absolus qui vous entoure.

Touchez-vous le palais

Bien souvent les personnes tendues
ont les muscles de la mâchoire
contractés. Pour soulager
cette tension, appuyez simplement
la langue contre le palais,
juste derrière les incisives.

FAITES LE MOULIN A VENT

Avec les bras, imitez le moulin
à vent en décrivant de grands arcs
de cercle, très lentement.
Vous sentirez bientôt la paix
vous envahir.

FRONCEZ LES SOURCILS

Plissez le front et les sourcils
le plus fort possible, jusqu'à paraître
inquiétant. Ensuite, levez les sourcils
très haut, de façon à éprouver
un certain relâchement.

Mémorisez bien le sentiment
de relaxation que procure
cet exercice.

NE CESSEZ PAS DE DANSER

Quoi de plus agréable que de danser,
sans inhibition, encore et encore,
sans s'arrêter ? De quoi détendre
même le plus stressé des jeunes
cadres dynamiques !

VOILEZ-VOUS LA FACE

Placez les paumes de vos mains
de chaque côté de votre visage,
de la bouche jusqu'aux yeux,
en ne laissant dépasser que le nez.
Procédez ensuite à une légère
pression des mains,
jusqu'à ce que vous vous sentiez
plus détendu.

OUBLIEZ VOS SOUCIS

Chaque soir, avant de vous coucher,
débarrassez-vous de vos soucis.
Murmurez-les dans une enveloppe
que vous fermerez soigneusement,
ou écrivez-les sur un carnet,
puis rangez-les et oubliez-les
pour la nuit. Demain matin,
ils auront peut-être diminué,
voire disparu.

MANGEZ ÉQUILIBRÉ

Le régime alimentaire idéal
pour atteindre la sérénité ?
80 % d'aliments alcalins
(céréales complètes, légumes,
fruits secs, etc.)
et 20 % d'aliments acides
(café, viande, produits industriels,
conservateurs, etc.). Pour trouver
la paix dans votre assiette, essayez
de vous tenir à ces proportions.

Repassez votre Bach

La célèbre méthode de traitement
par les parfums, dite « méthode de
Bach », procure un effet calmant
immédiat dans les situations
éprouvantes, des petites angoisses
aux traumatismes graves.

PRENEZ LE PARTI D'EN RIRE

Tout est prétexte à rire.
Ne perdez pas une occasion
de vous esclaffer.
Et si vous ne voyez vraiment pas
ce qu'il y a de drôle,
riez quand même !

PRENEZ DATE

Fixez-vous un rendez-vous
avec vous-même pour régler
vos problèmes à date précise,
et à aucun autre moment.

Prenez ce rendez-vous au sérieux :
vous aurez plus de chances de régler
les problèmes en question.

OCCUPEZ
VOTRE SUBCONSCIENT

La spécialité de votre subconscient,
c'est de trouver des solutions
à vos problèmes les plus personnels.
Placez toute votre confiance en lui,
et offrez des vacances
à votre conscience.

Méditez

Concentrez-vous sur un mouvement,
un son, une image, une pensée.
Laissez votre esprit vagabonder
sans contrainte.

Avant même de vous en rendre
compte, vous serez devenu
un grand méditatif.

ROMPEZ LE BAN

Au moins deux fois par jour,
échappez à la discipline
professionnelle. Cessez de n'être
qu'un rouage dans la machine.
Sortez, allez poster
le courrier, ou piquez un petit
somme clandestin, juste histoire
de décompresser. Votre journée
s'en trouvera dynamisée.

DONNEZ-VOUS
UNE PERMISSION

De temps à autre, trouvez-vous
un coin calme et répétez-vous à voix
haute : « Cinq minutes par heure,
je me donne la permission
de me détendre. »

Répétez-vous bien ce message.

N'EN FAITES PAS
UNE MONTAGNE

Lorsque vous parviendrez à dépasser
les petites difficultés
et à ne vous concentrer
que sur les vrais problèmes,
vous détiendrez le secret
de la sérénité.

CASSEZ LES HABITUDES

Empruntez un chemin différent
pour rentrer chez vous. Descendez
une station en avance et marchez.
Parlez avec la première personne
venue. Saisissez toutes les occasions
de rompre vos habitudes,
et de vous enrichir au contact
de gens différents.

CHANGEZ

Il n'y a que deux façons de se sortir des situations difficiles : les changer, ou bien changer sa façon de les voir.

Or, changer de regard sur les choses est une source certaine d'expérience et de sagesse.

PARLEZ AVEC DOUCEUR

Avez-vous jamais entendu
une personne calme hurler
ce qu'elle a à dire ?

SOYEZ GENTIL

Même si elle n'est pas très
à la mode, sachez que la gentillesse
est un passeport pour la sérénité.

QUI EST PAUL WILSON ?

Paul Wilson est P.-D.G. d'une agence de publicité,
conseiller auprès de certaines des plus grandes
compagnies australiennes, directeur d'un hôpital
et père de trois enfants. Dans cet univers de stress,
il est pourtant devenu expert en sérénité.

Retrouvez Paul Wilson sur internet :
paulwil@calmcentre.com.au

Cet ouvrage composé
par D.V. Arts Graphiques à Chartres
a été achevé d'imprimer
dans les ateliers de Brodard et Taupin
à La Flèche (Sarthe)
en janvier 2000 pour le compte des Presses du Châtelet
département éditorial
de la S.A.R.L. Écriture-Communication.

Imprimé en France
N° d'édition : 43 – N° d'impression : 1717X
Dépôt légal : janvier 2000